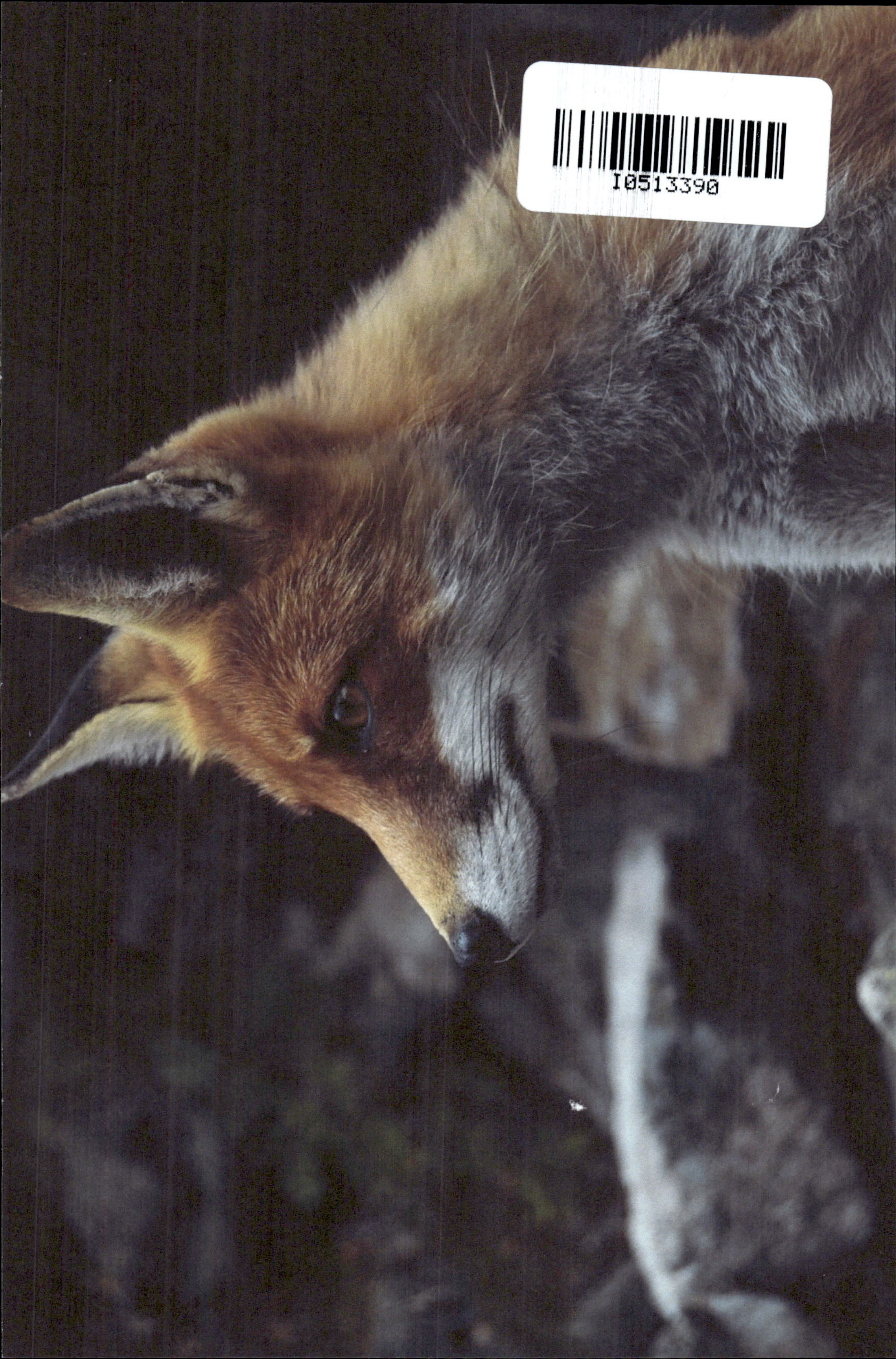

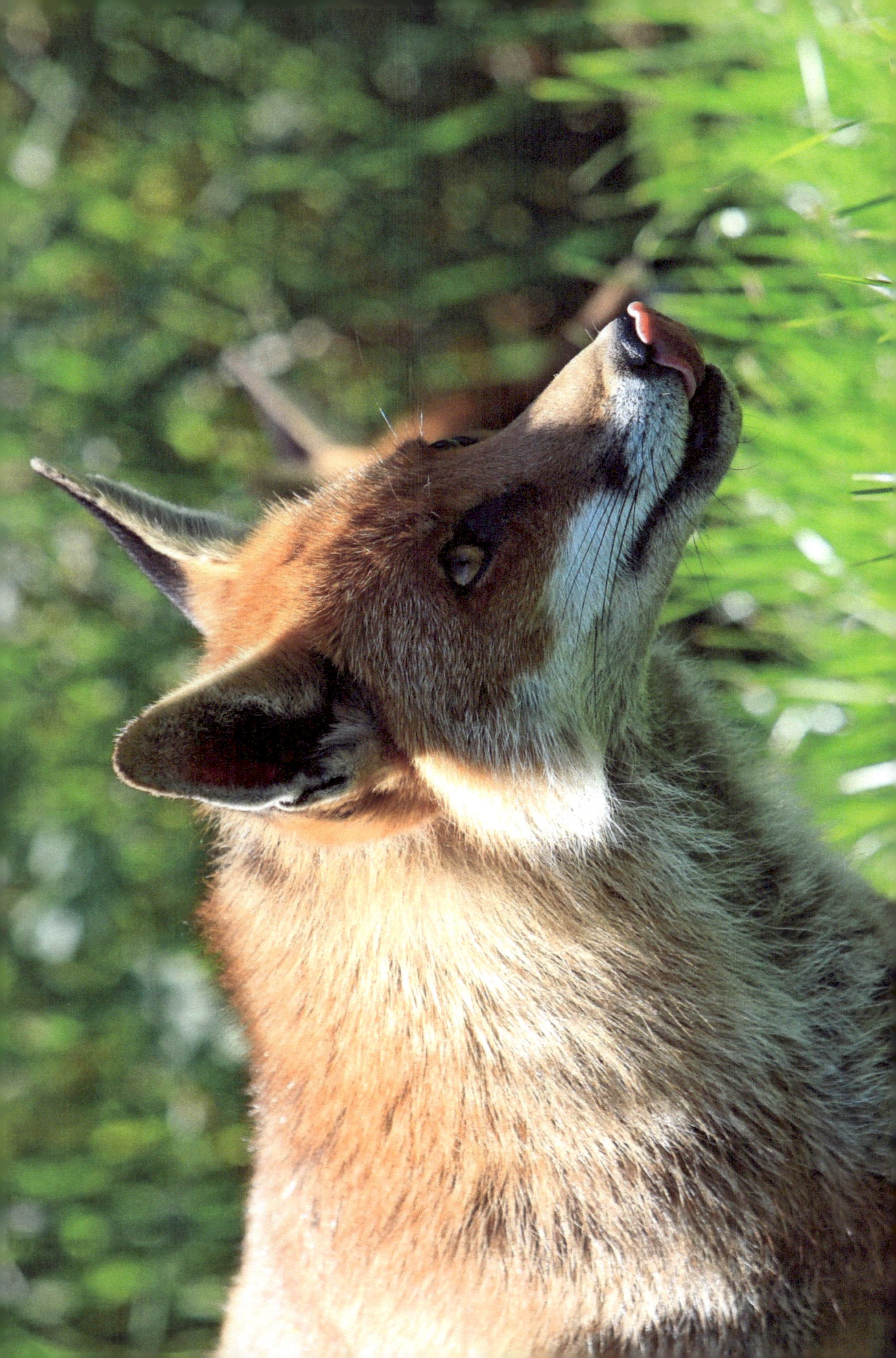

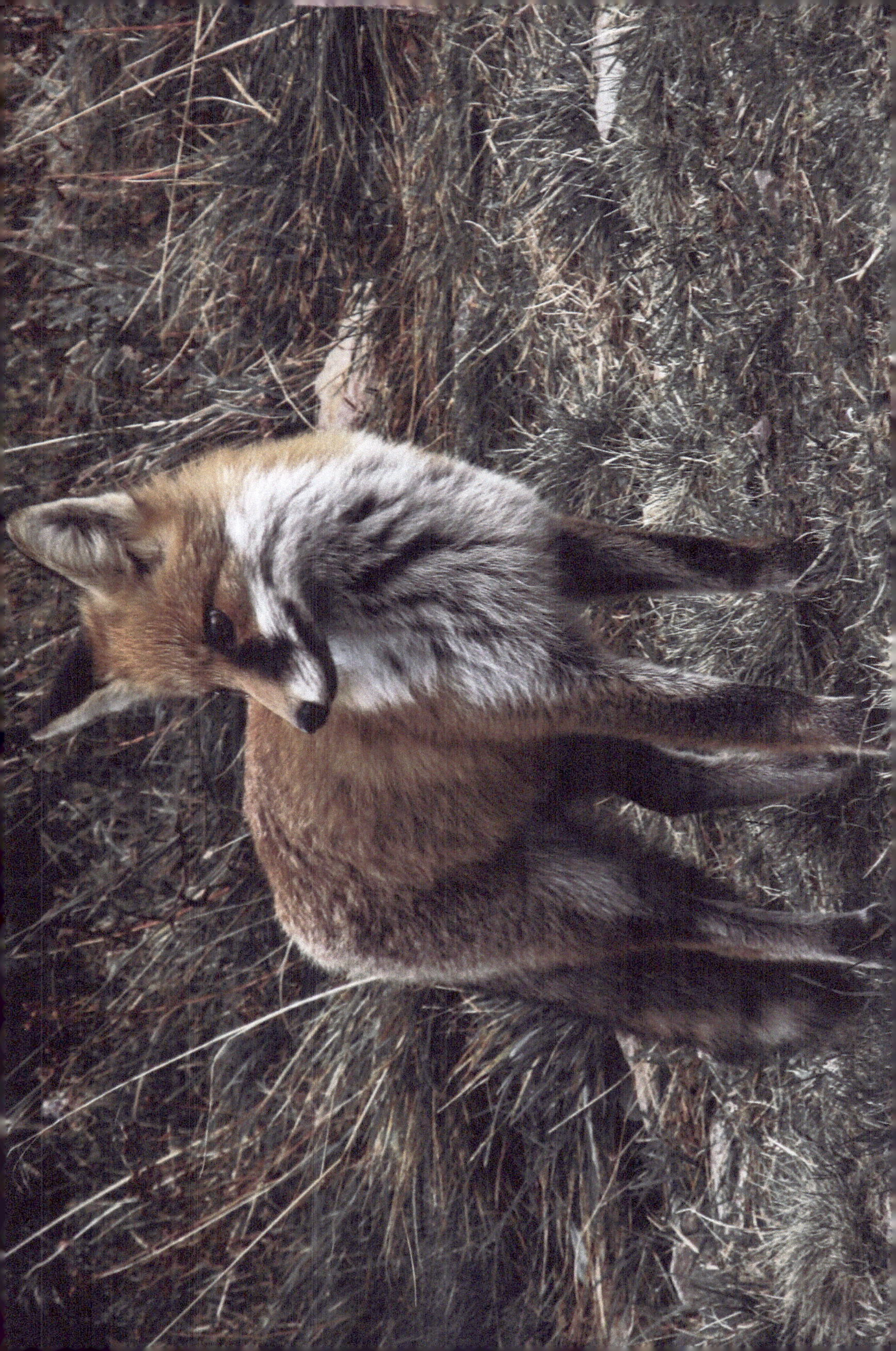

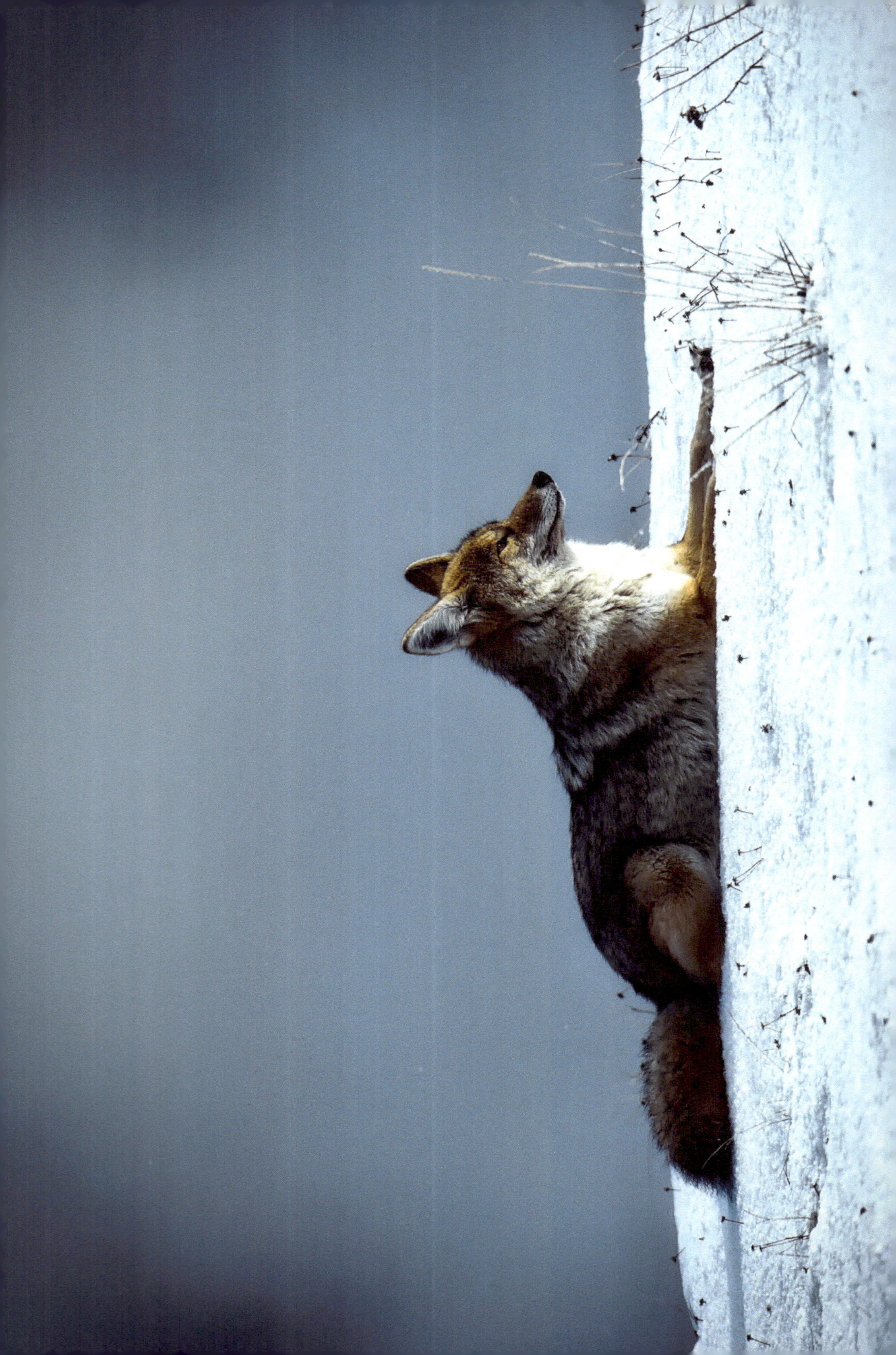

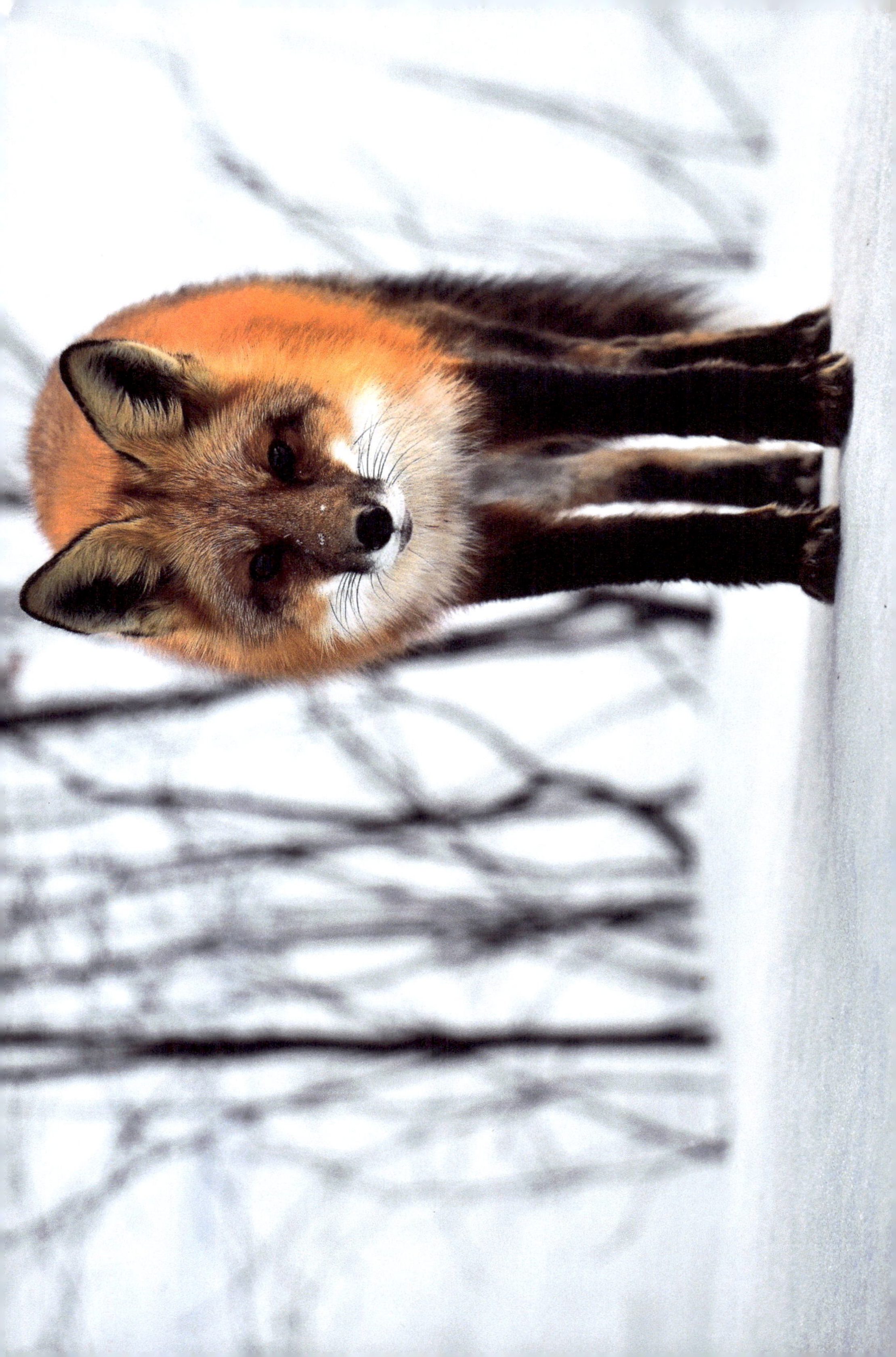

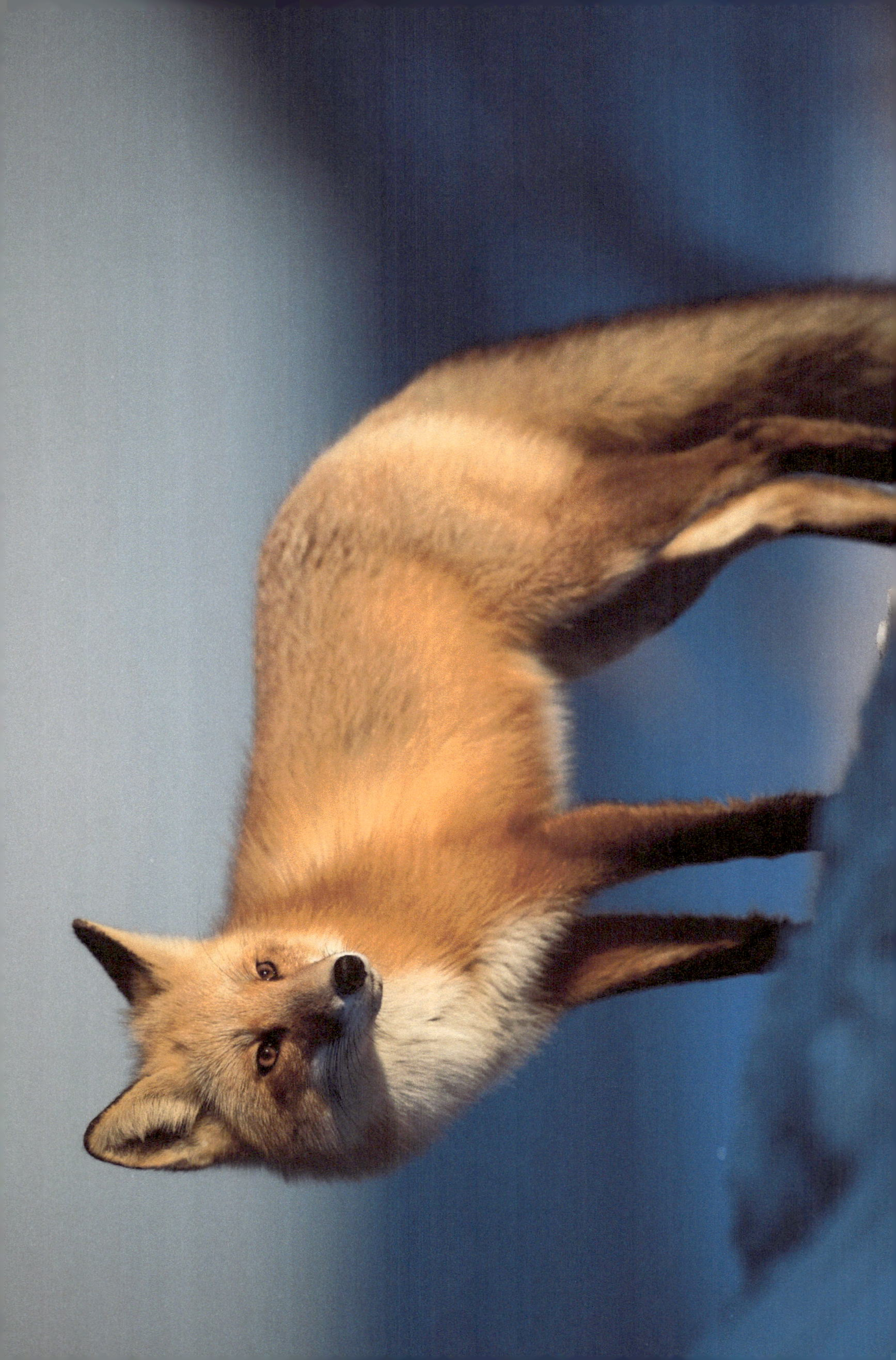

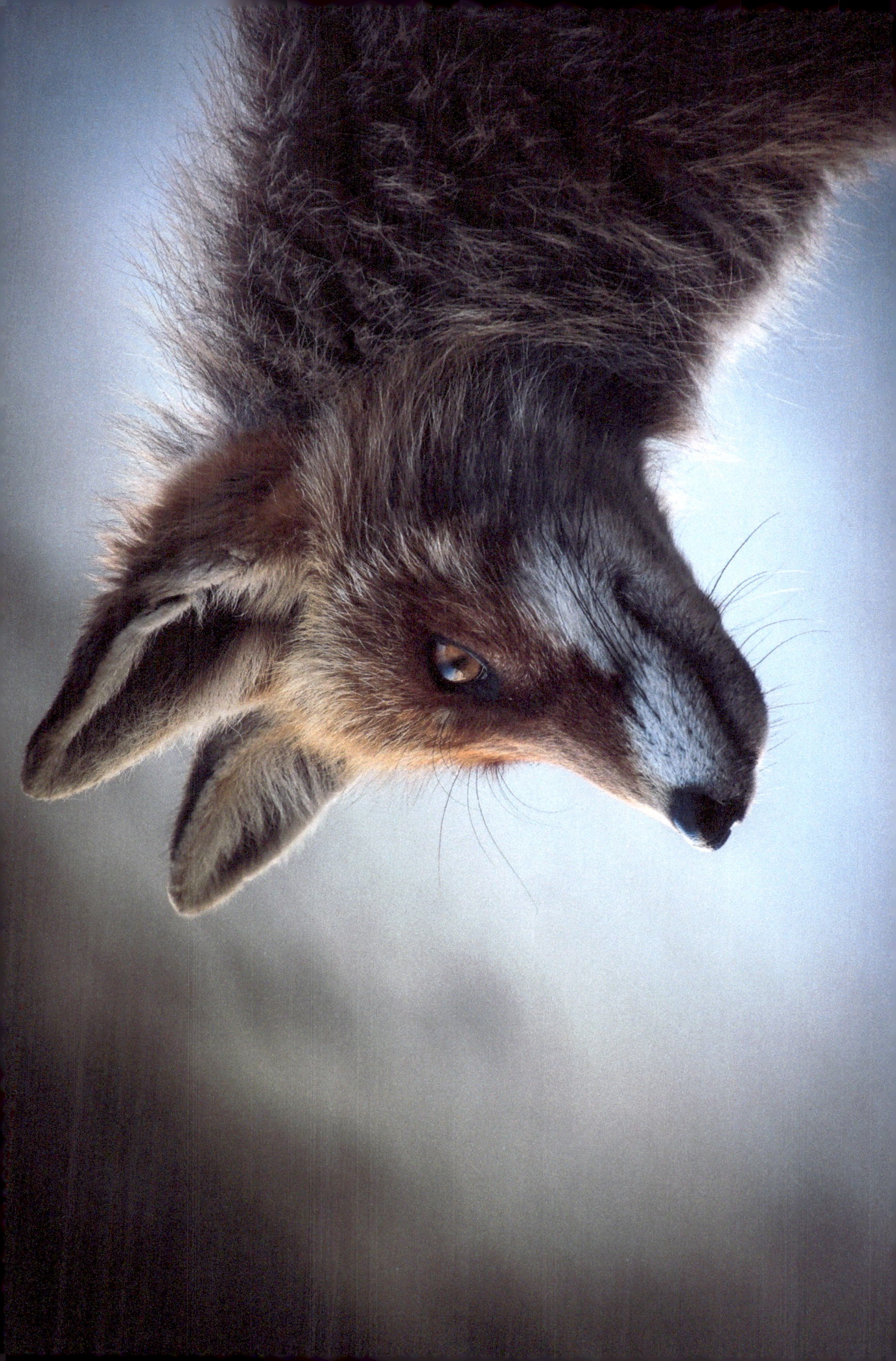

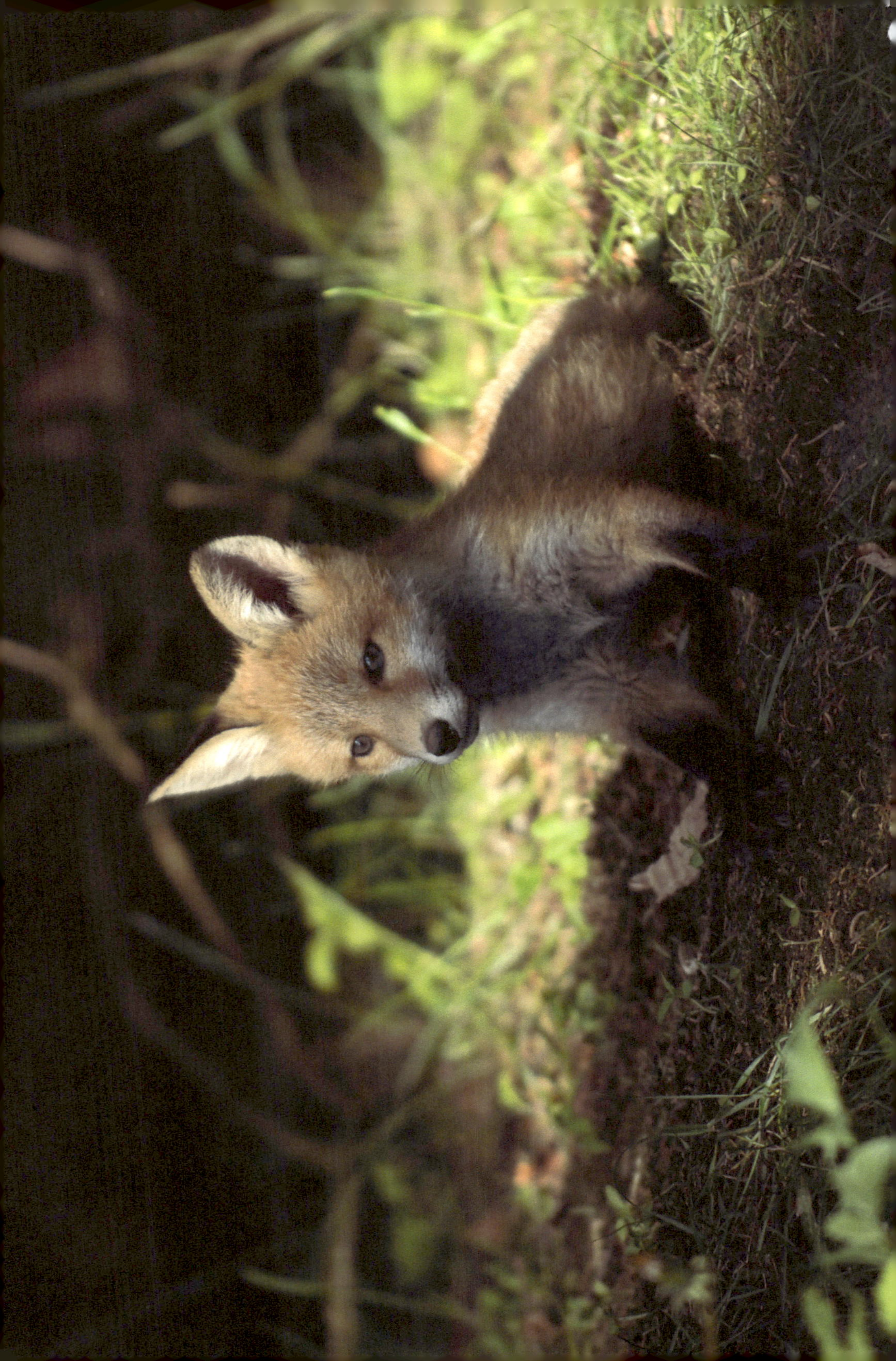

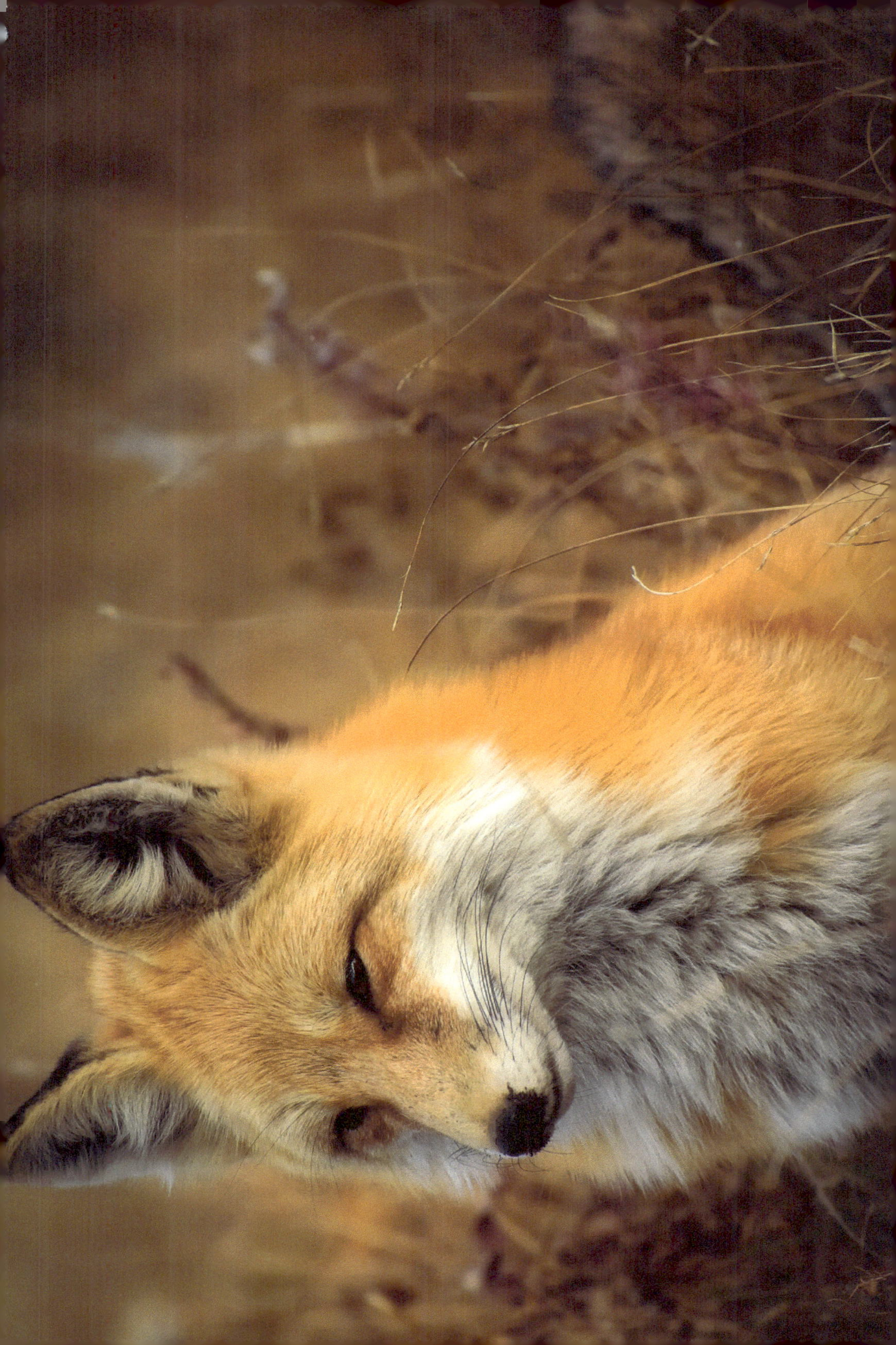

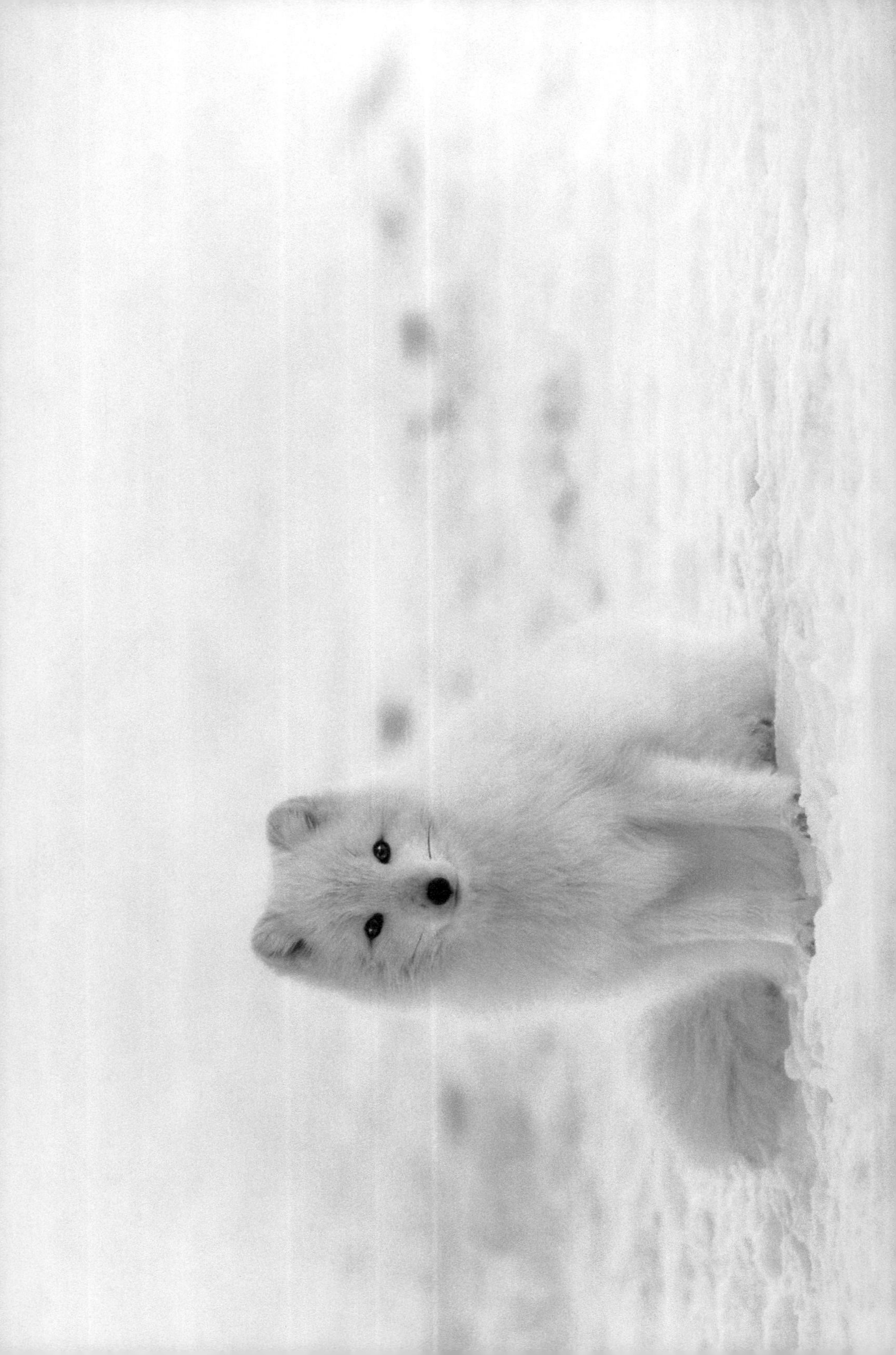

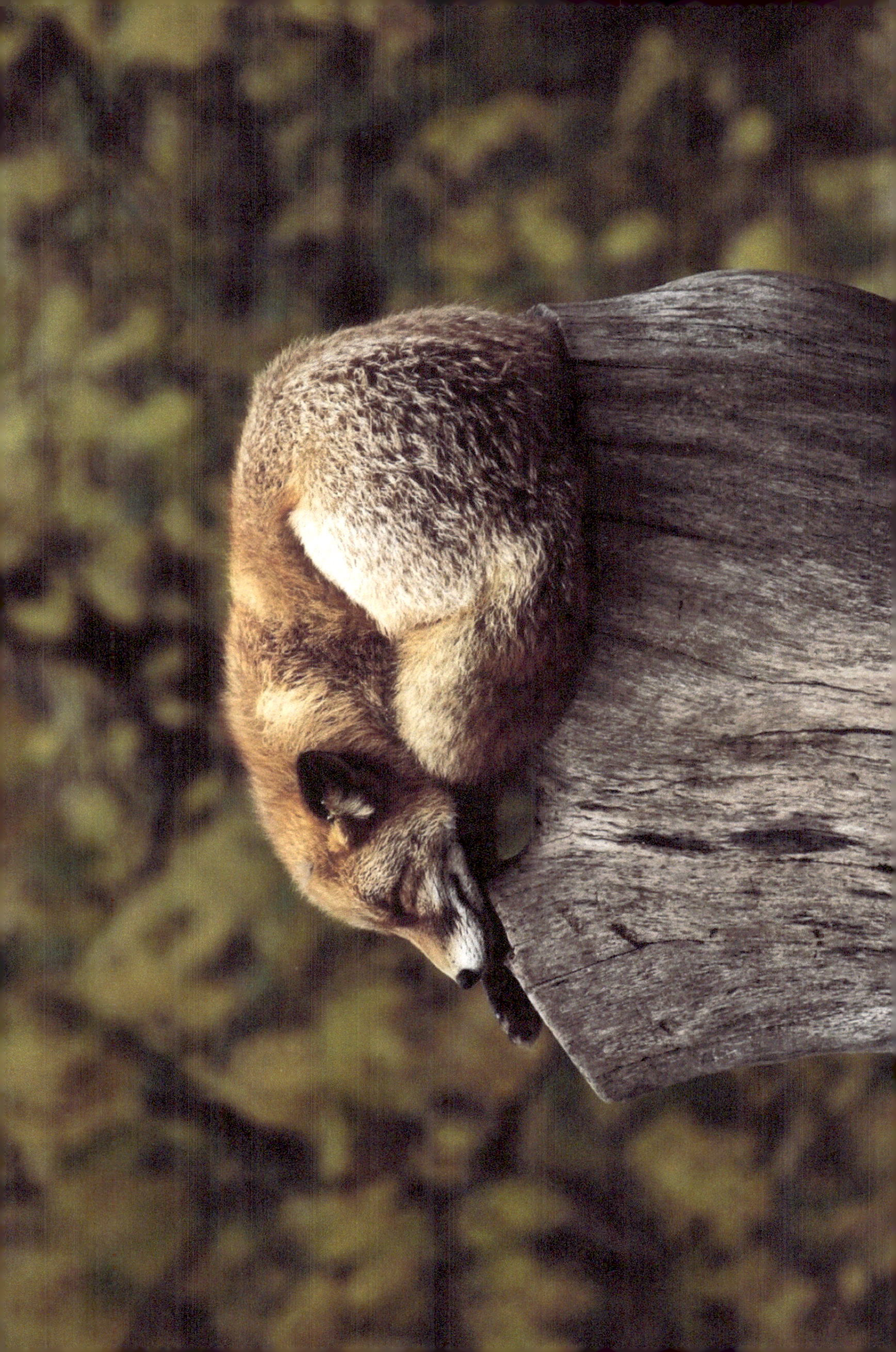

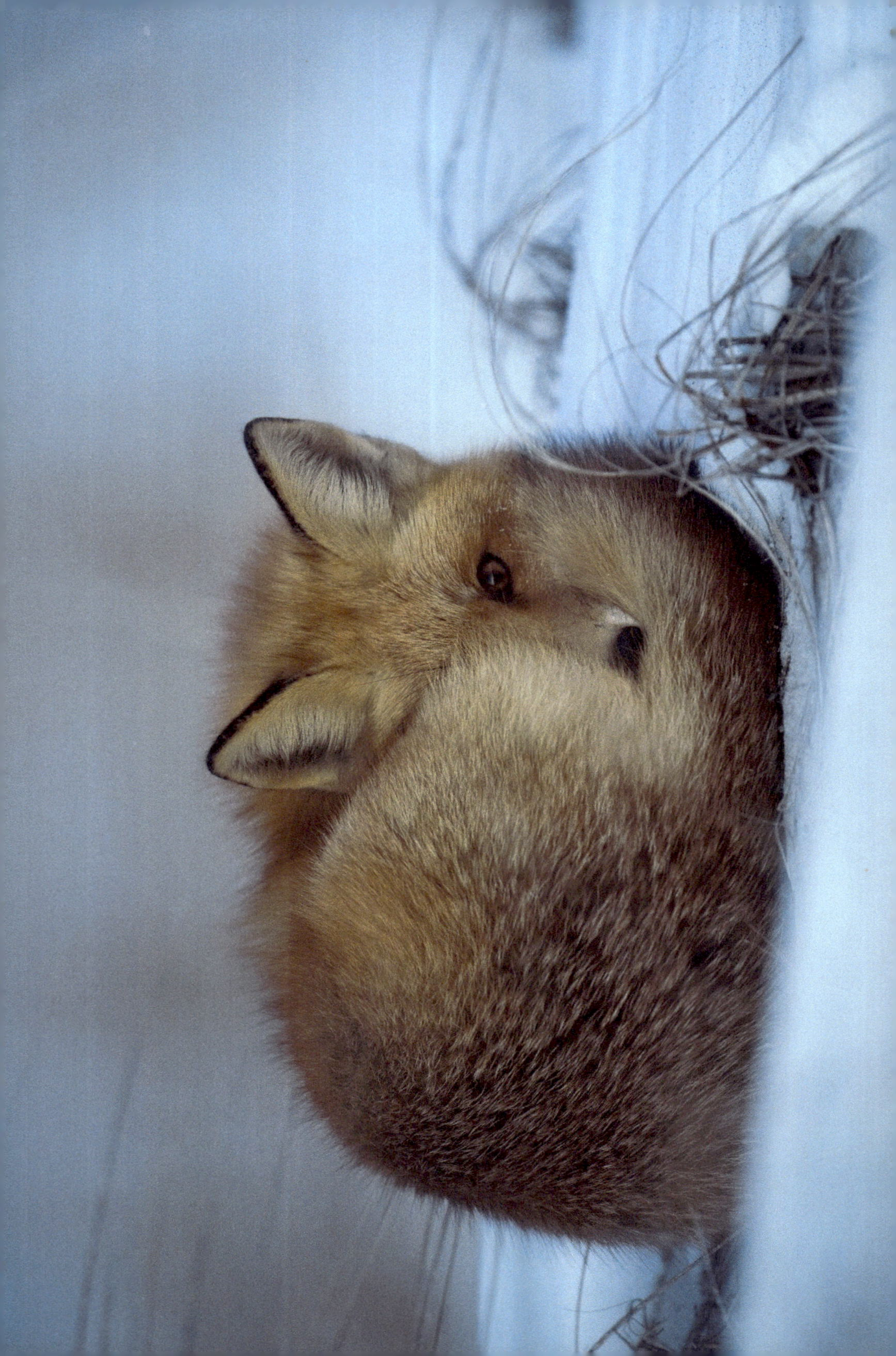

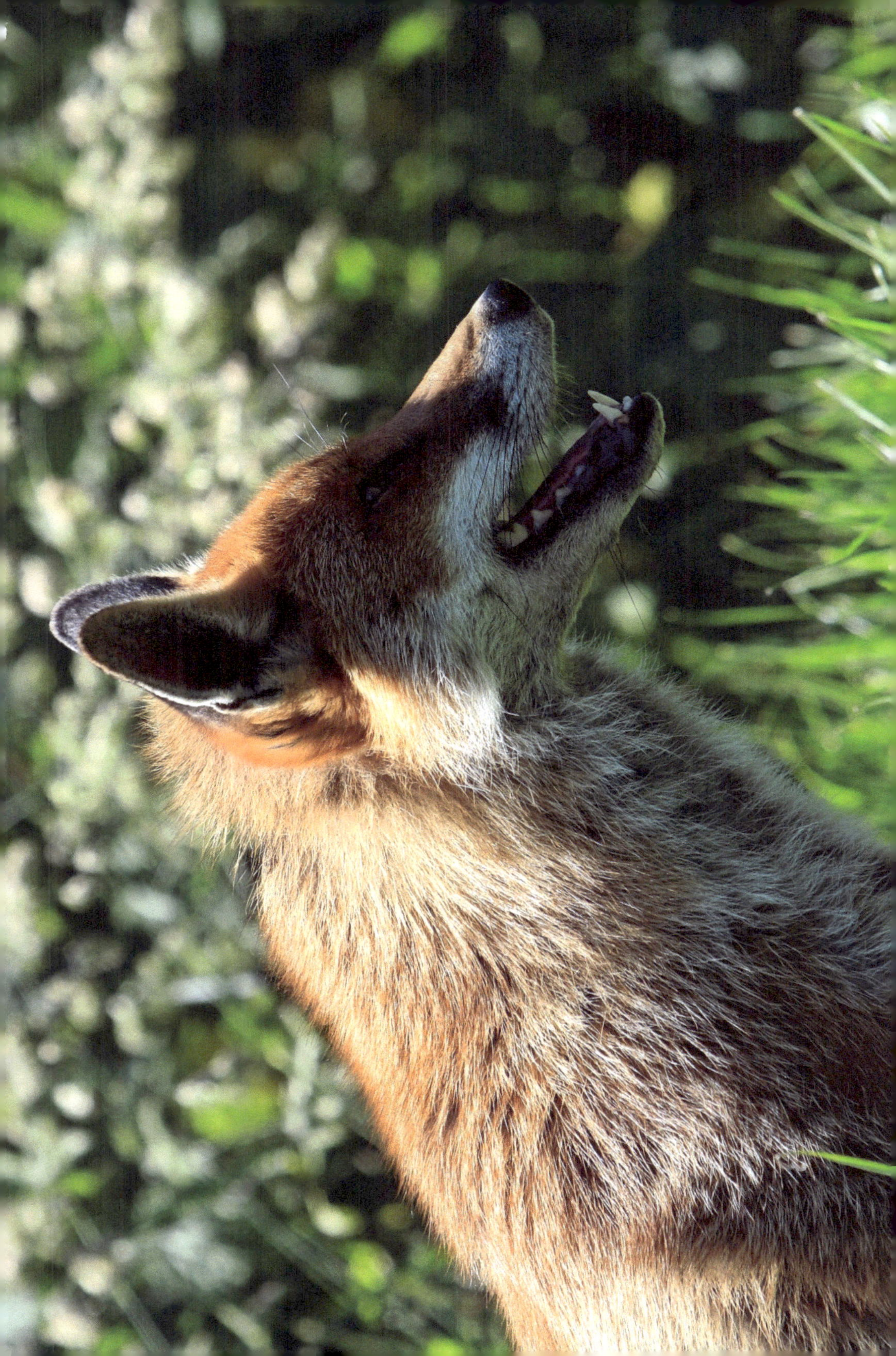

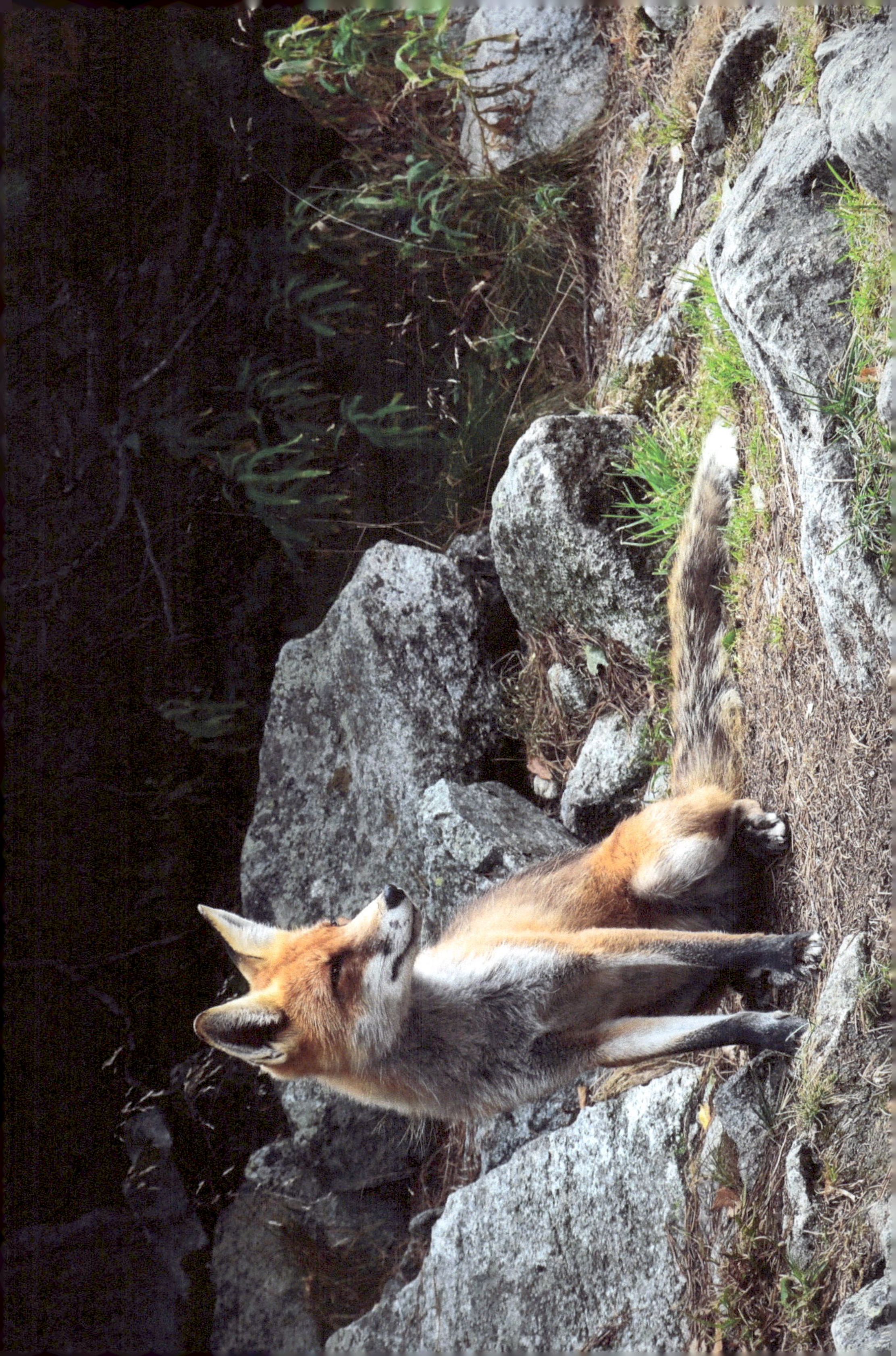

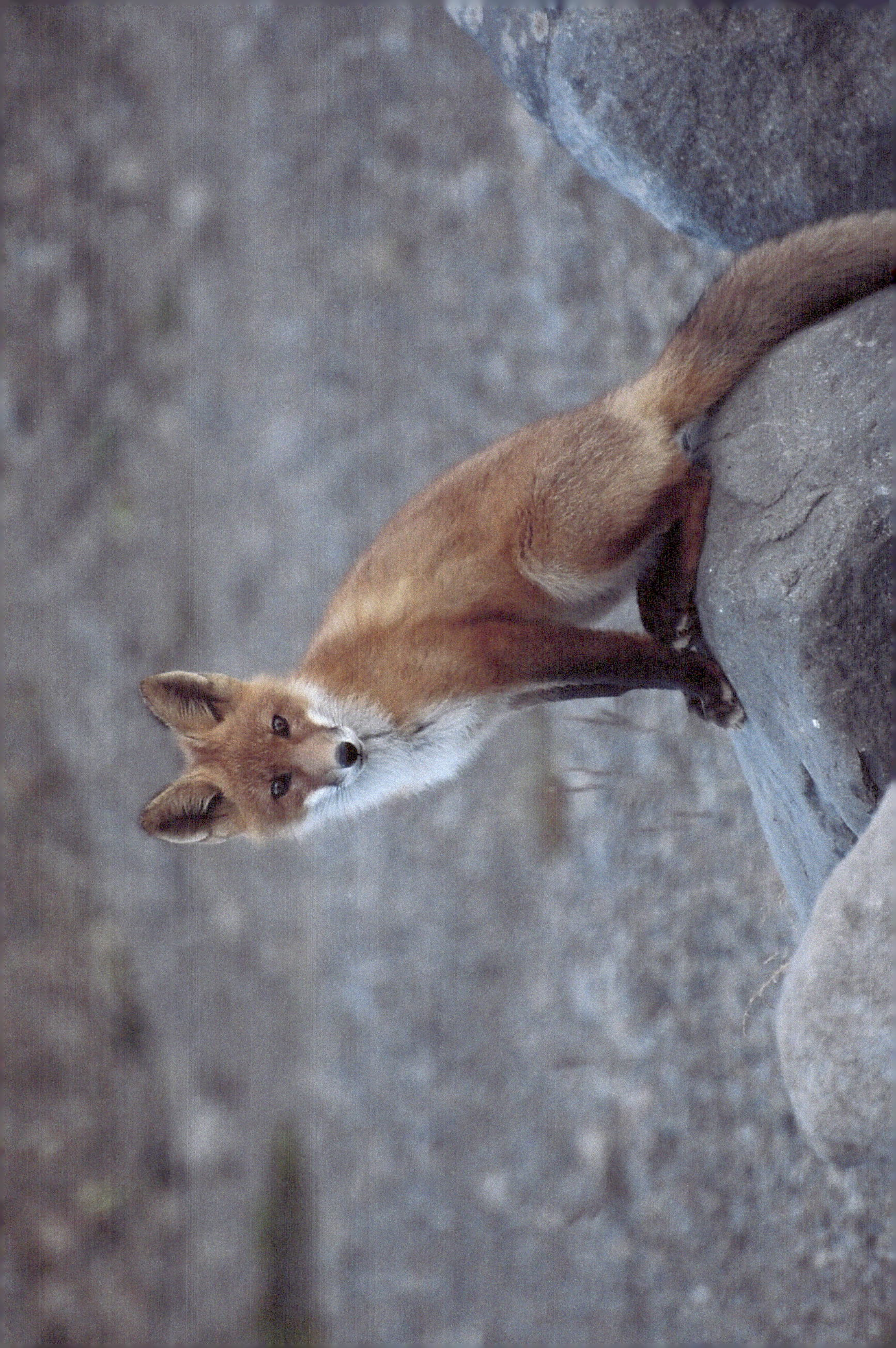

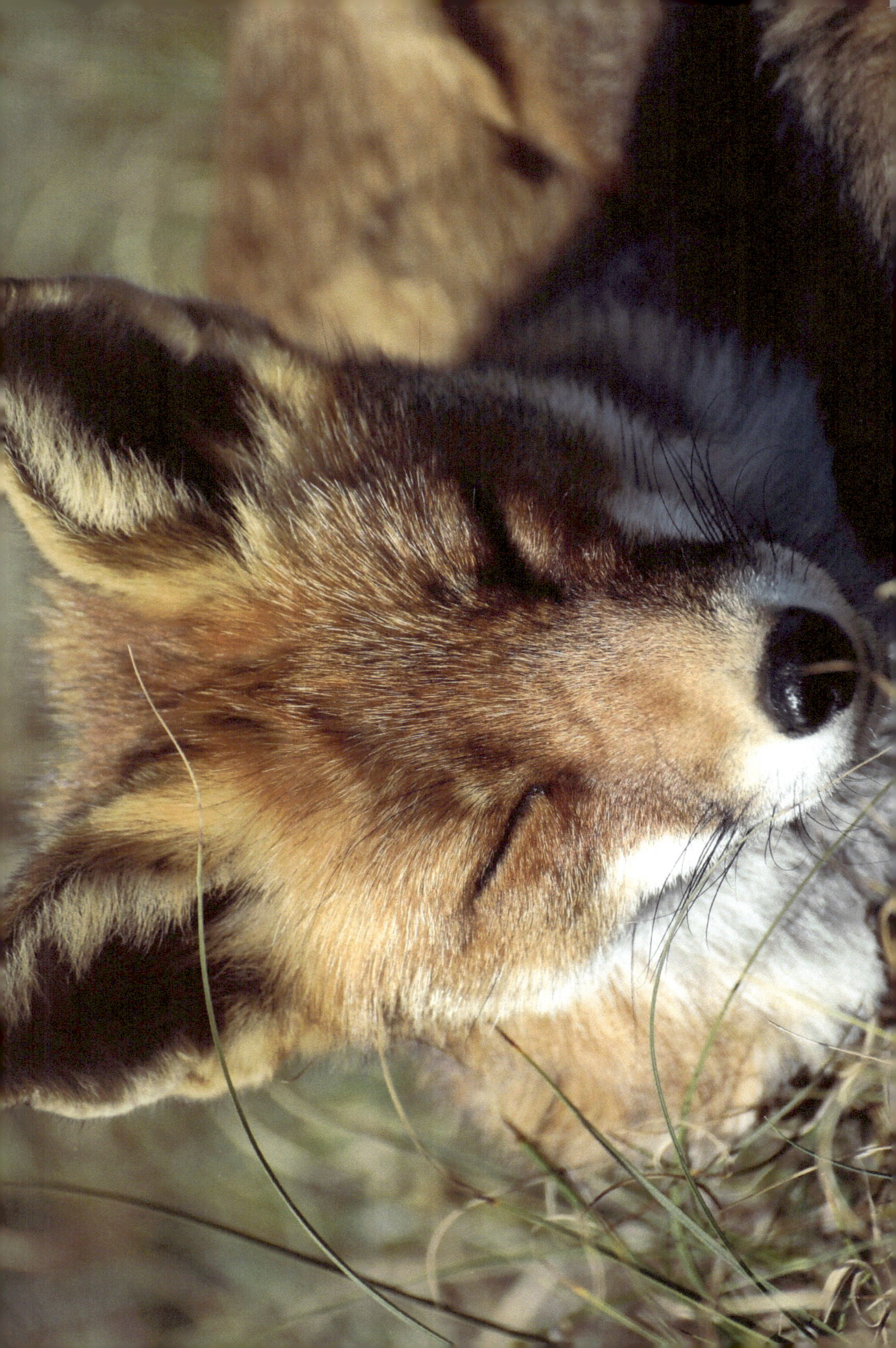

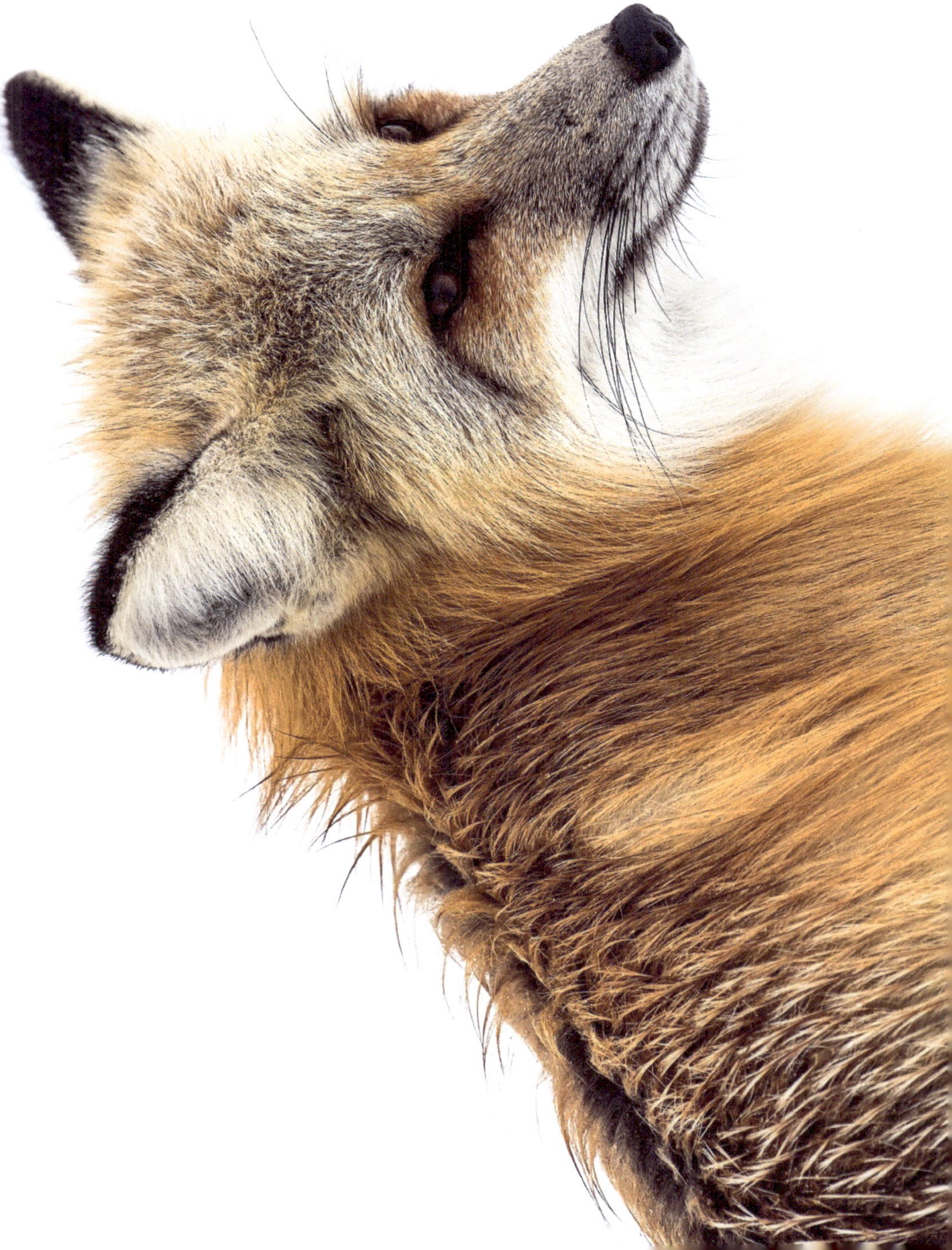

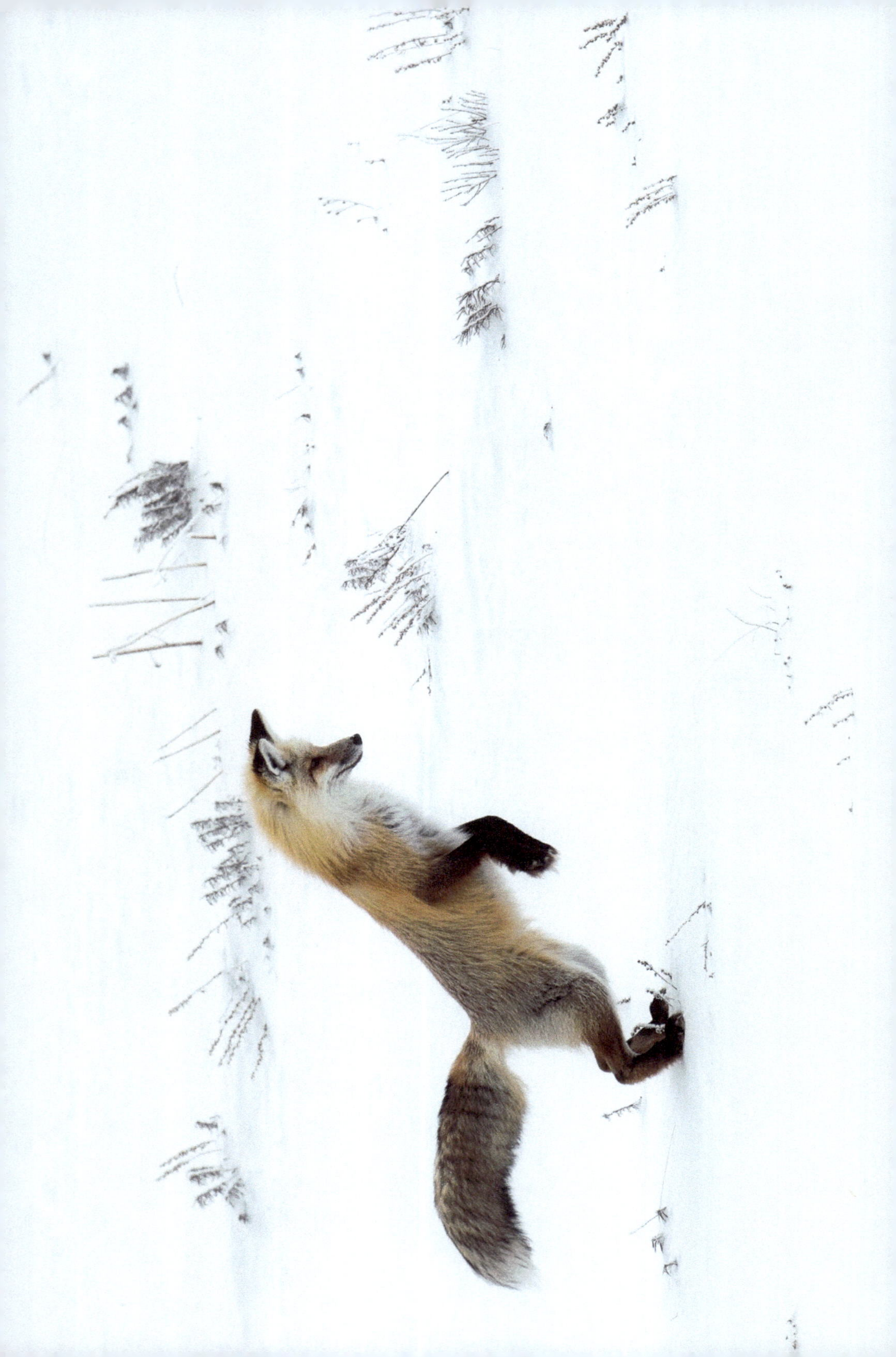

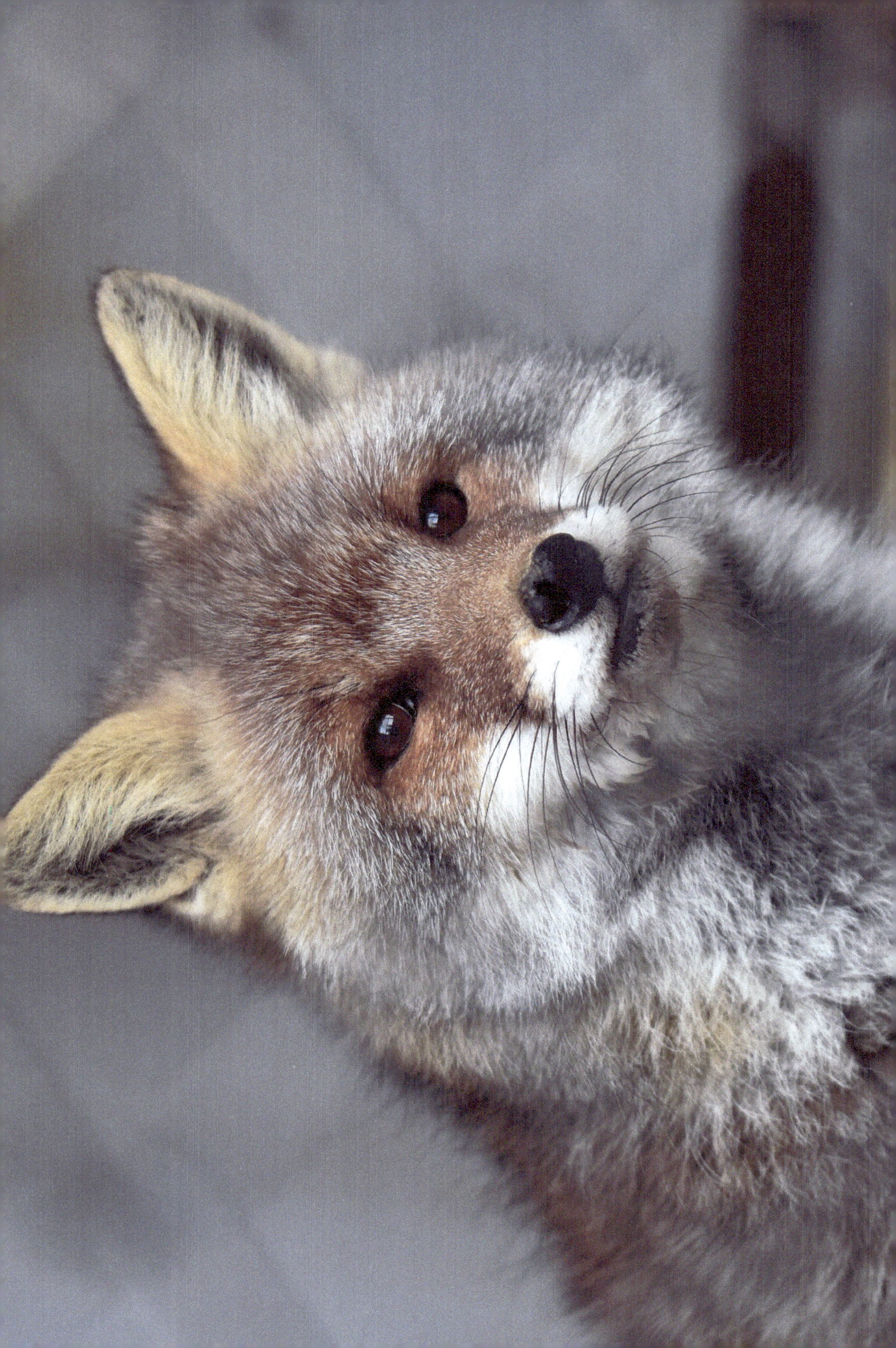

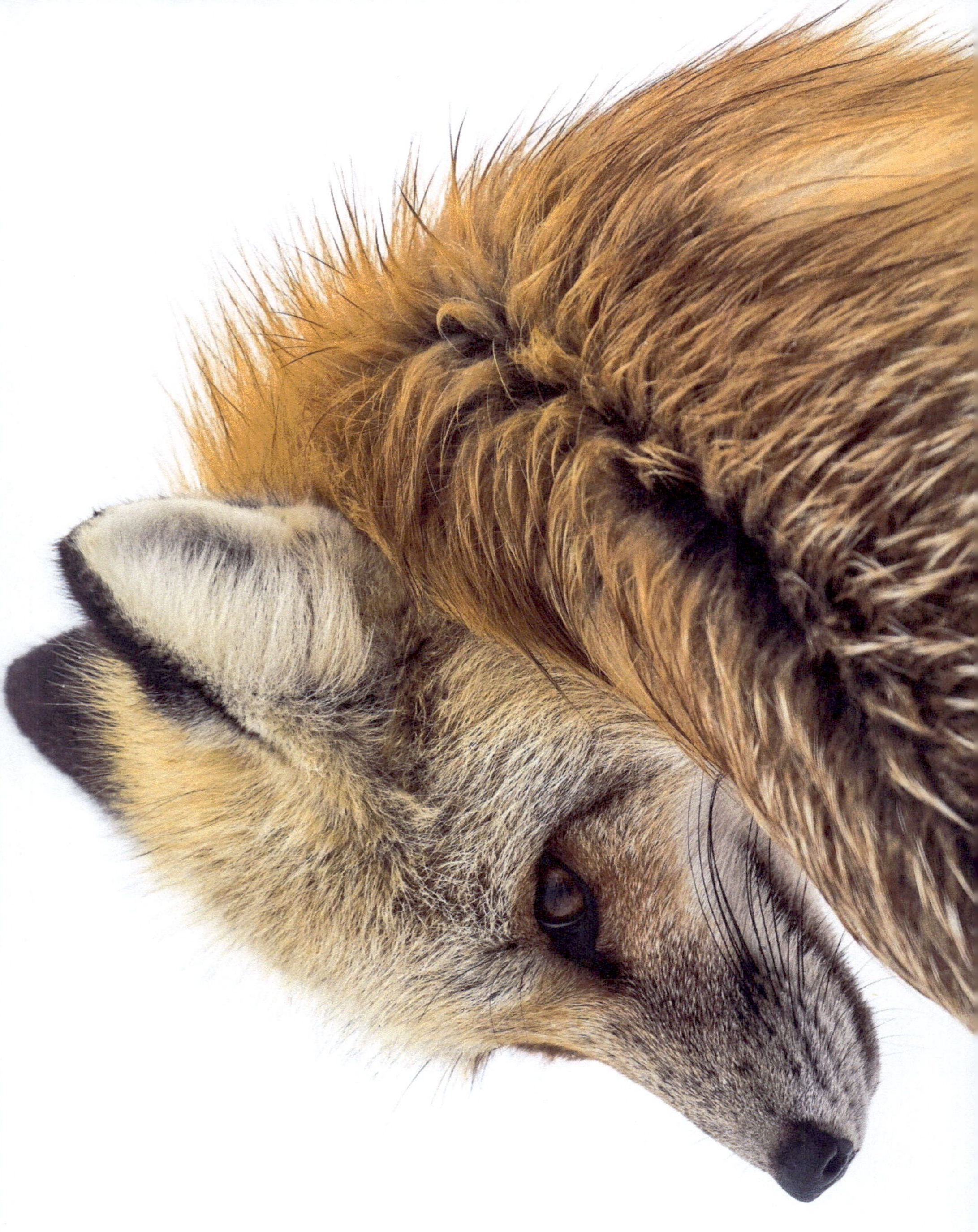

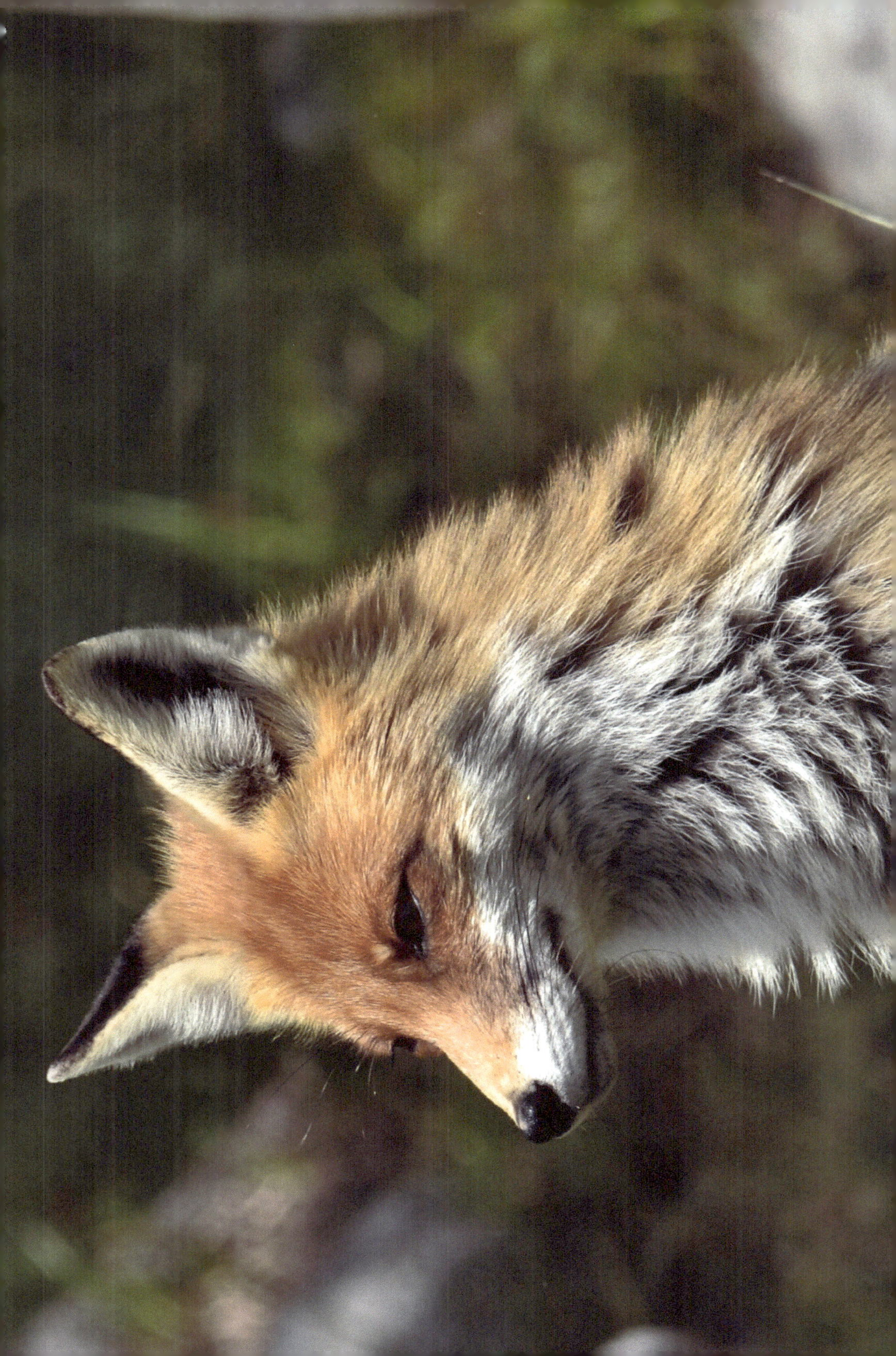

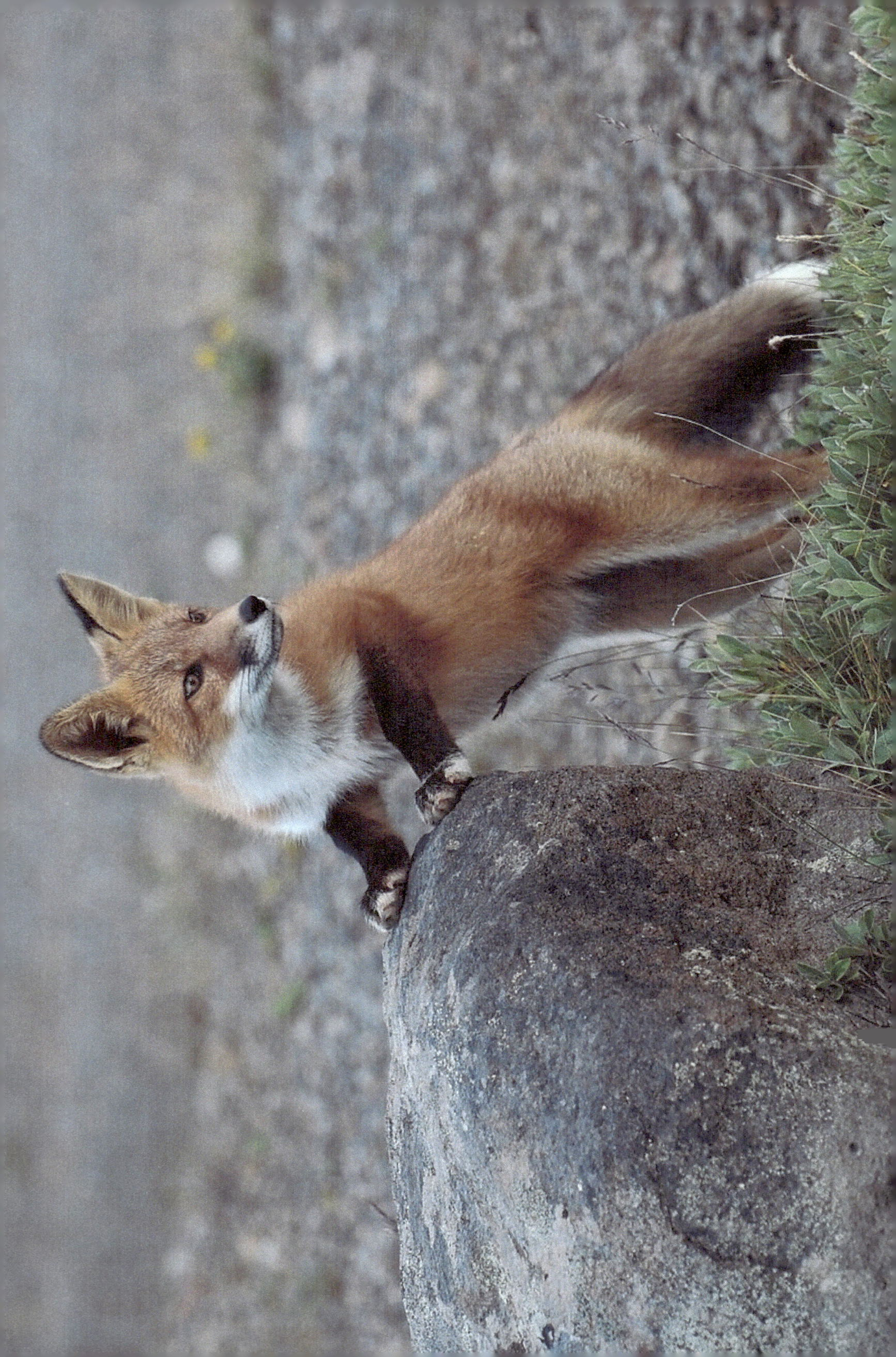

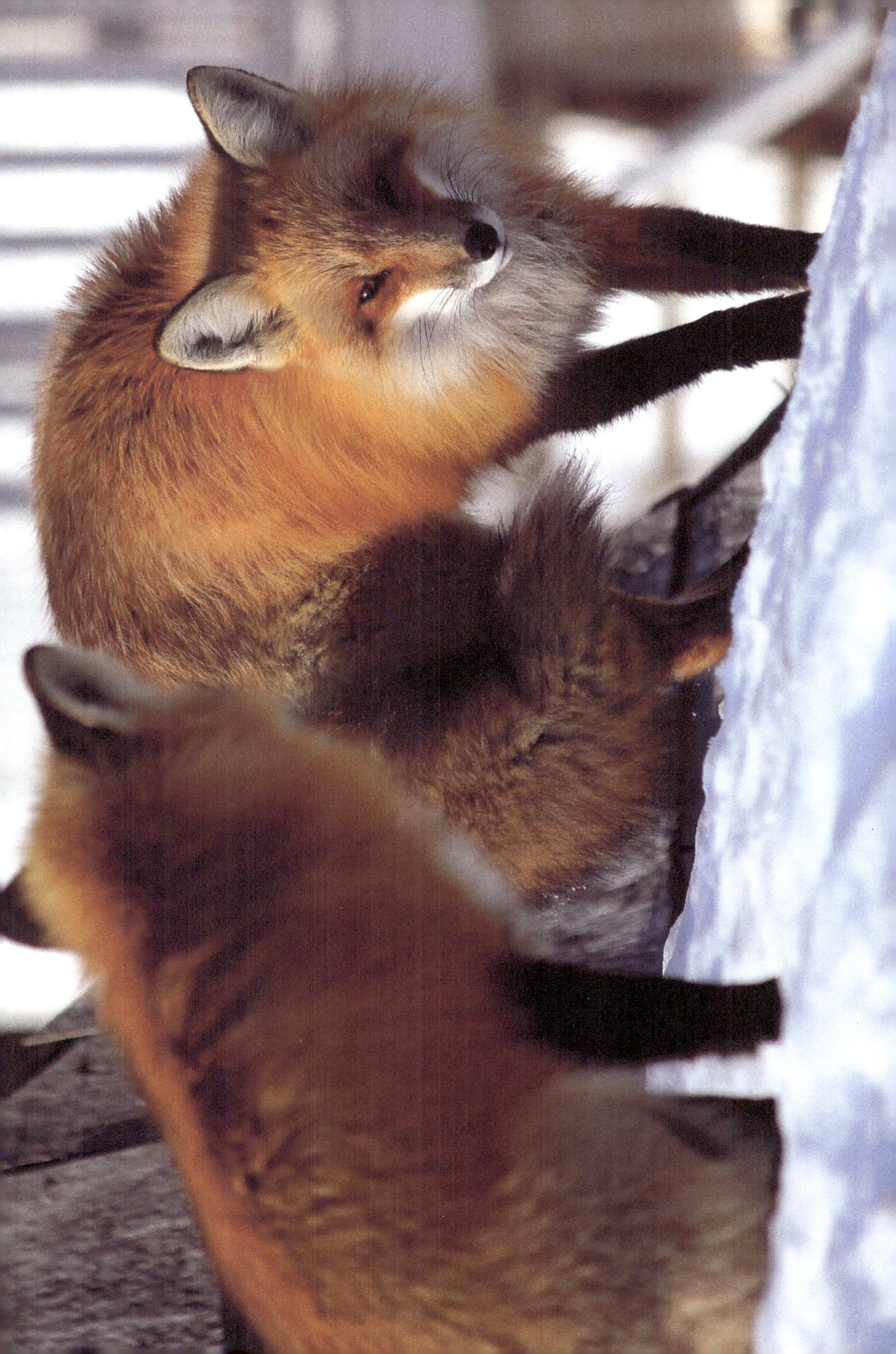

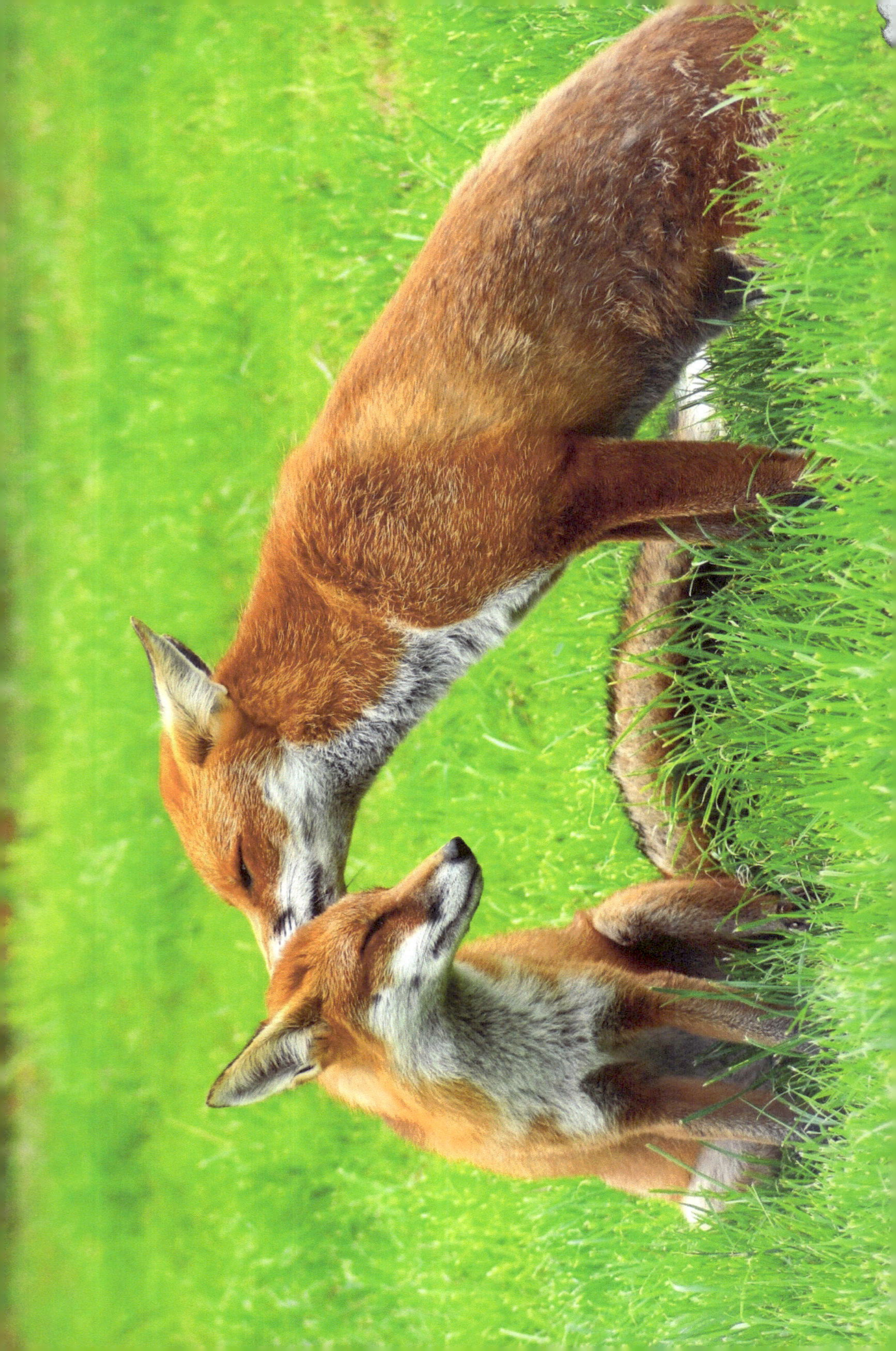

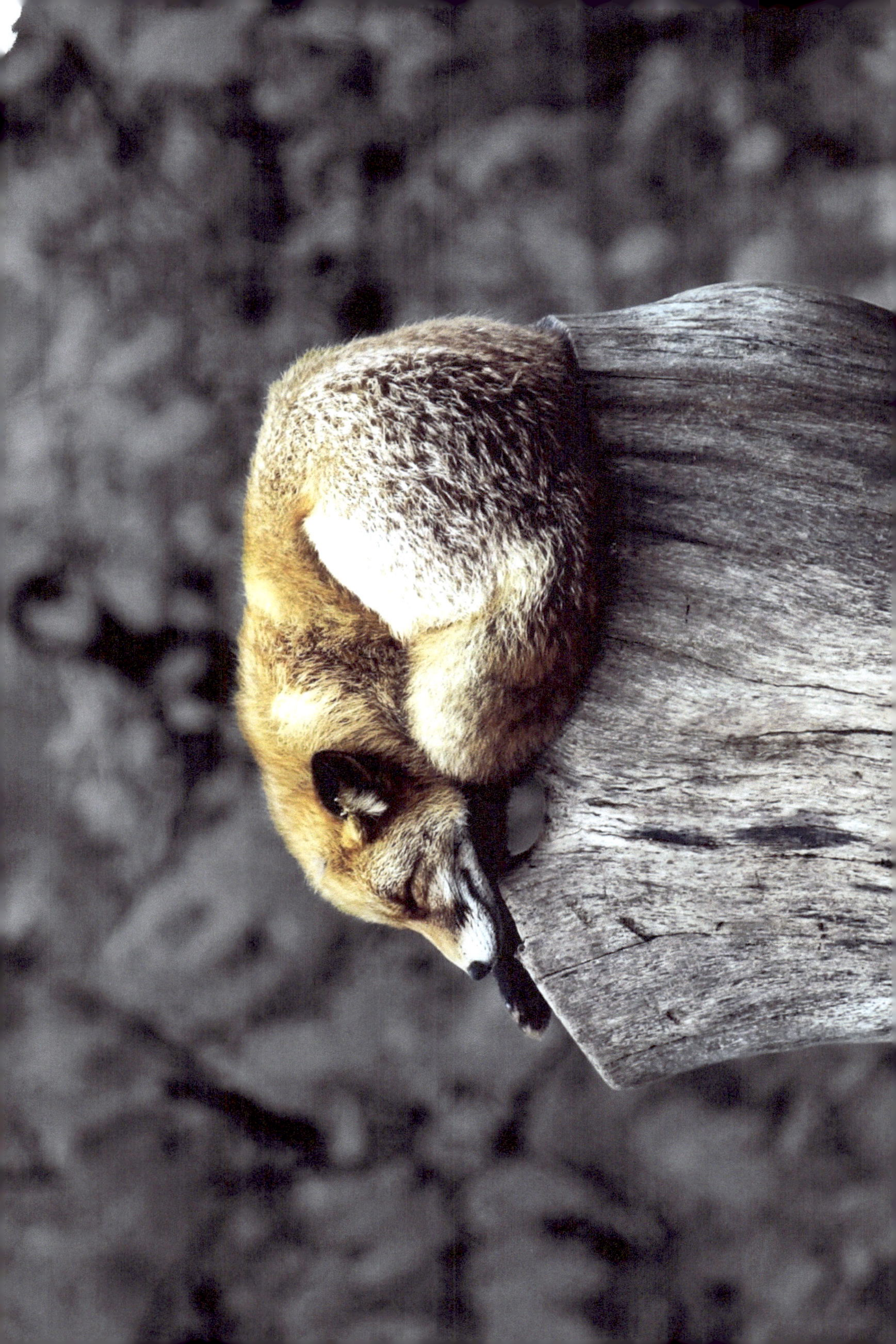

www.ingramcontent.com/pod-product-compliance
Lightning Source LLC
Chambersburg PA
CBHW041946240526
45473CB00033B/617
* 9 7 8 1 6 5 6 6 5 8 7 5 3 *